NOUVEAU PETIT
SYLLABAIRE
D'HISTOIRE NATURELLE,

ORNÉ DE GRAVURES.

NOUVELLE ÉDITION.

PARIS
LE BAILLY, LIBRAIRE,
Quai des Augustins, 17.

LEÇON DE LECTURE
par la grand'maman à ses petits-enfants.

NOUVEAU PETIT

SYLLABAIRE

D'HISTOIRE NATURELLE.

ORNÉ DE GRAVURES.

Nouvelle édition.

PARIS.
LE BAILLY, LIBRAIRE,
Quai des Augustins, 27.

1849

A B C D E

F G H I J

K L M N O

P Q R S T

U V X Y Z.

Æ OE W.

Lettres italiques.

A B C D E F G
H I J K L M N O
P Q R S T U V W
X Y Z.

a b c d e f g h i j
k l m n o p q r s
t u v w x y z ç œ œ

Lettres grasses.

A B C D E F
G H I J K L
M N O P Q R S
T U V W X
Y Z Ç Æ OE

a b c d e f g h i j k
l m n o p q r s t u v
w x y z æ œ ç . , ; : ? !

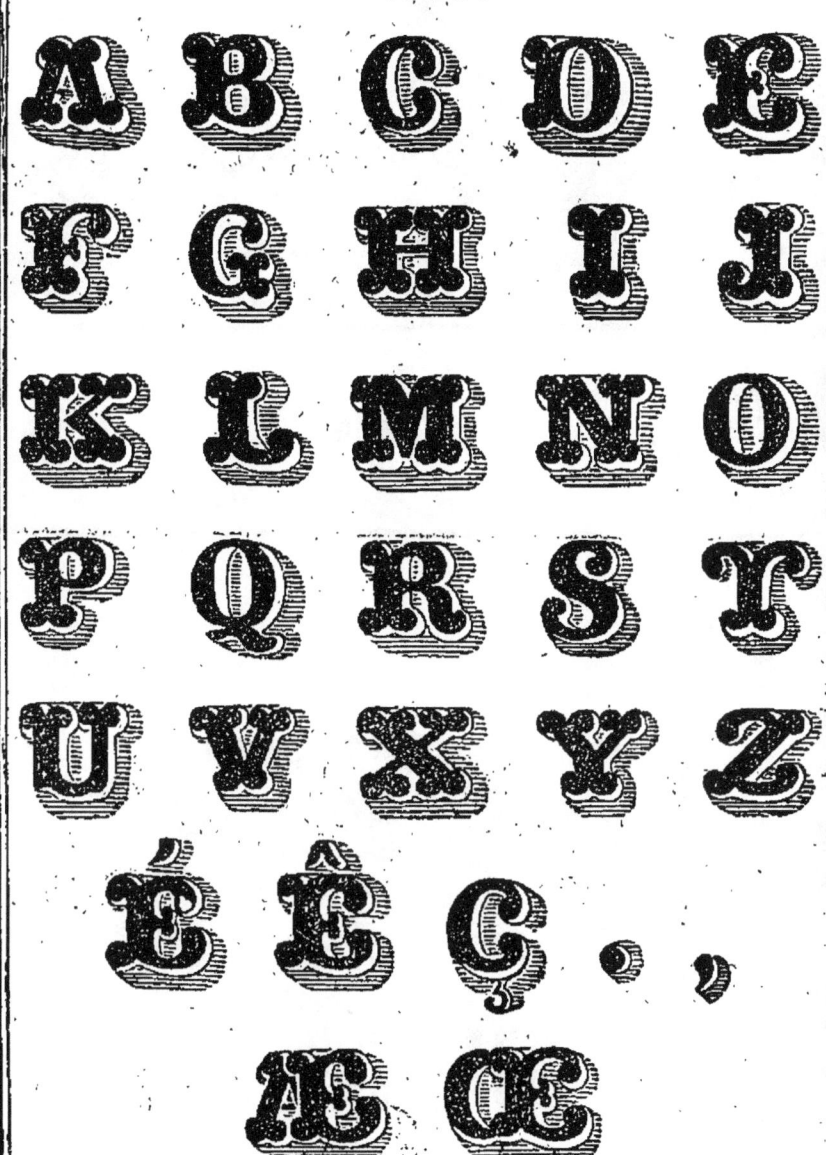

| A *a a* | Ane. |
| B b *b* | Blaireau. |

C	C	
c	c	Chien.
D	d	
d	d	Dromadaire.

| E e e | Fauvette. |
| F f ſ | Eléphant. |

G	
g	
g	

Grenouille.

H	
h	
h	

Hyène.

I
i

Ichneumon.

J
j

Jaguar.

K k	Kolibri.
K k	
L l	Lion.
L l	

M	m
m	m

Moineau.

N	n
n	n

Nilgaut.

O	O
	o
	o

Ours.

P	P
	p
	p

Pigeon.

Q q q q	**Quil** ou QUILO-PÈLE
R r r	**Rhinocéros.**

S s S s	 **Serpent.**
T t T t	**Tigre.**

| U | u | *u* |

Unau.

| V | v | *v* |

Vautour.

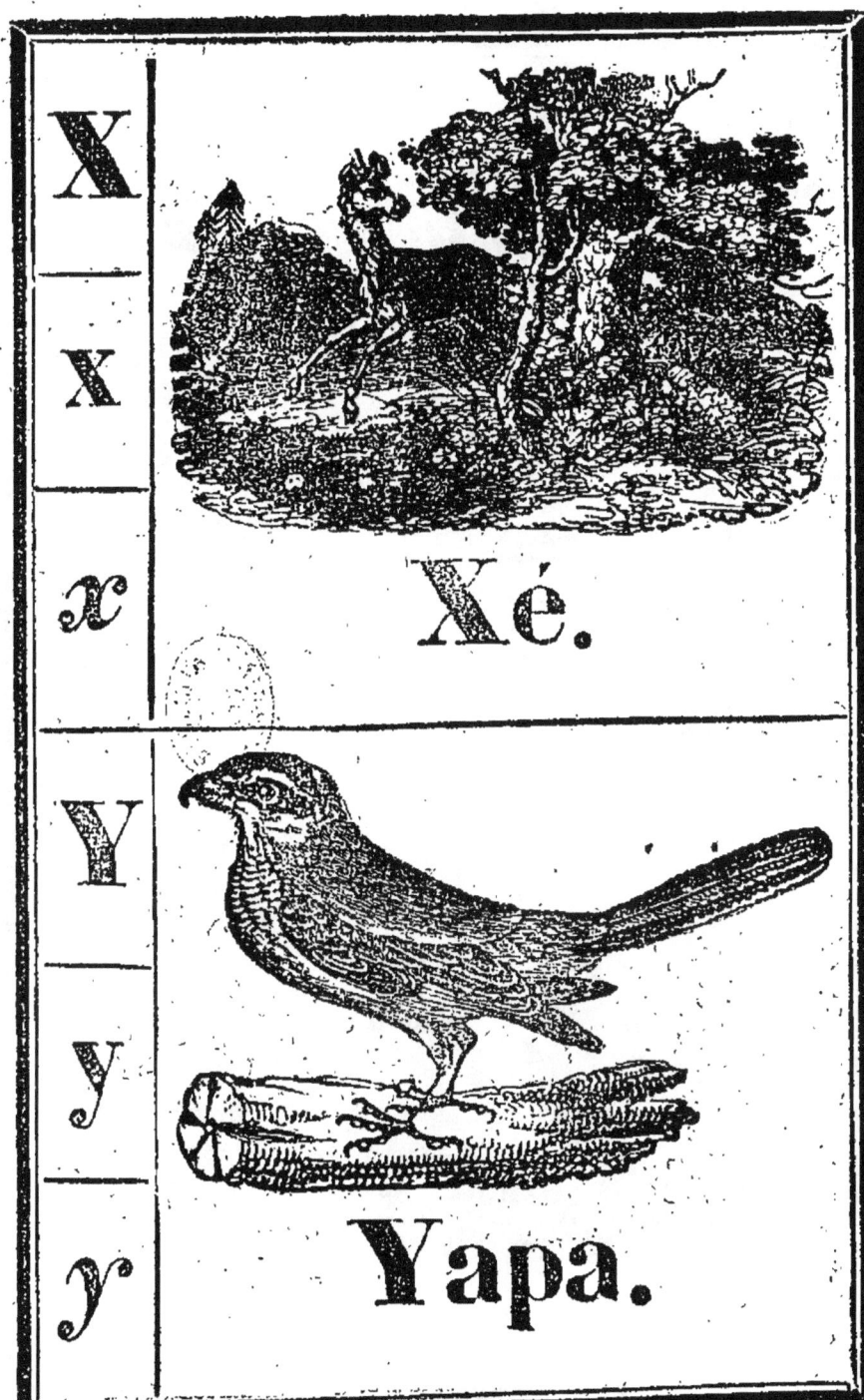

Z z z

Zèbre.

Lettres voyelles.

a e i *ou* y o u

Lettres consonnes.

b c d f g h k l m
n p q r s t v x z.

Syllabes.

ba be bi bo bu
ca ce ci co cu
da de di do du
fa fe fi fo fu
ga ge gi go gu
ha he hi ho hu
ja je ji jo ju

ka ke ki ko ku
la le li lo lu
ma me mi mo mu
na ne ni no nu
pa pe pi po pu
ra re ri ro ru
sa se si so su
ta te ti to tu
va ve vi vo vu
xa xe xi xo xu
za ze zi zo zu

Mots de deux syllabes.

Pa pa.
Ma man.
Gâ teau.
Jou jou.
Da da.
Tou tou.
Pou pée.
Dra gée.
Bon bon.
Vo lant.

Rai sin.
Se rin.
Voi sin.
Poi re.
Pom me.
Cou teau.
Bam bin.
Cha peau.
Bon net.
Ca non.
Pou let.

Mots de trois et quatre syllabes.

Ca ba ne.
Ca ba ret.
Cap tu rer.
Da moi seau.
Dé chi rer.
É tren ner.
Fan tai sie.
Gra pil ler.
Ri gou reux.
Tra vail ler.
Fa bri que.
Fa bri cant.

Vi tri er.
Bou chon ner.
Cha ma rer.
Sain te té.
Rha bil ler.
Gas pil ler.
Tour men ter.
Chan ge ment.
Do ci le.
Cor rec teur.
In con ti nent.
Im pos tu re.
Com mu né ment.
Par don na ble.
In fan te rie.
Cu ri eu se.

Mots de cinq et six syllabes.
===

Au ten ti que ment.
Ban que rou ti er.
Fa bu leu se ment.
In cor ri gi ble.
Li mo na di er.
Na tu rel le ment.
Obs ti na ti on.
Spé cu la ti on.
Pro cu ra ti on.
É ta lon ne ment.
É ta blis se ment.
Ins ti tu ti on.
Par ti cu li er.
In ta ris sa ble.
A na to mi que ment.

A van ta geu se ment.
Dé sin té res se ment.
Gé o mé tri que ment.
Ha bi tu el le ment.
Spi ri tu el le ment.
Ma nu fac tu ri er.
Cu mu la ti ve ment.
Pro di gi eu se ment.
A pos to li que ment.
Sub si di ai re ment.
Ca ba re ti è re.
A bré vi a ti on.
In ta ris sa ble ment.

CHIFFRES.

1 2 3 4 5 6 7 8 9 0

LECTURE

Il faut apprendre à lire pour plaire à son Papa et à sa Maman.

Le devoir d'un enfant est de faire tout ce qu'il lui est possible pour plaire à ses parents, et pour éviter ce qui pourrait leur causer quelque peine ou quelque chagrin.

Le devoir de l'homme est d'aider ses semblables ; de supporter le poids de l'adversité avec courage.

Le devoir d'un soldat est de veiller à la sûreté de sa patrie et des propriétés de ses concitoyens, de respecter les vieillards et de défendre le faible contre le fort.

LES COMMANDEMENTS DE DIEU.

1. Un seul dieu tu adoreras,
   Et aimeras parfaitement.
2. Dieu en vain tu ne jureras,
   Ni autre chose pareillement.
3. Les dimanches tu garderas,
   En servant Dieu dévotement,
4. Tes père et mère honoreras,
   Afin de vivre longuement.
5. Homicide point ne seras,
   De fait ni volontairement.
6. Impudique point ne seras,
   De corps ni de consentement.
7. Le bien d'autrui tu ne prendras,
   Ni retiendras injustement,
8. Faux témoignage ne diras,
   Ni mentiras aucunement.
9. L'œuvre de chair ne désireras,
   Qu'en mariage seulement.

10. Biens d'autrui ne convoiteras
   Pour les avoir injustement.

COMMANDEMENTS DE L'ÉGLISE.

1. Les fêtes tu sanctifieras,
   Qui te sont de commandement.
2. Les dimanches, messe entendras,
   Et les fêtes pareillement.
3. Tous tes péchés confesseras,
   A tout le moins une fois l'an.
4. Ton créateur tu recevras,
   Au moins à Pâques humblement.
5. Quatre-temps, vigiles jeûneras,
   Et le carême entièrement,
6. Vendredi chair ne mangeras,
   Ni le samedi mêmement.

SALUTATION ANGÉLIQUE.

Je vous salue, Marie, pleine de grâce, le Seigneur est avec vous, vous êtes bénie entre toutes les femmes, et Jésus, le fruit de vos entrailles est béni.

Sainte Marie, mère de Dieu, priez pour nous, pauvres pécheurs, maintenant et à l'heure de notre mort. Ainsi soit-il.

ORAISON DOMINICALE.

Notre père qui êtes aux cieux, que votre nom soit sanctifié, que votre règne arrive, que votre volonté soit faite en la terre comme au ciel; donnez-nous aujourd'hui notre pain quotidien, pardonnez-nous nos offenses comme nous pardonnons à ceux qui nous ont offensés, et ne nous laissez pas succomber à la tentation, mais délivrez-nous du mal. Ainsi soit-il.

LE SYMBOLE DES APOTRES.

Je crois en Dieu le Père Tout-Puissant, créateur du ciel et de la terre, et en Jésus-Christ son Fils unique, notre Seigneur, qui a été conçu du Saint-Esprit, est né de la Vierge Marie, qui a souffert sous Ponce Pilate, a été crucifié; est mort et a été enseveli; est descendu aux enfers; le troisième jour est ressuscité d'entre les morts; est monté aux cieux; est assis à la droite de Dieu le Père Tout-Puissant, d'où il viendra juger les vivants et les morts.

Je crois au Saint-Esprit, à la Sainte Église catholique, à la communion des Saints, à la rémission des péchés, à la résurrection de la chair, et à la vie éternelle. Ainsi soit-il.

LE HÉRISSON ET LE MARRON D'INDE.

FABLE.

Un marron d'inde, armé de ses piquants,
  Gisait au milieu d'une allée.
Un hérisson, la nuit, en courant dans les champs,
  Donna sur lui tête baissée :
  « Oh ! qu'est ceci ? dit l'animal,
Se sentant au museau piqué d'étrange sorte ;
Si ces petits piquants me causent tant de mal,
  Qu'est-ce donc de ceux que je porte ? »
  Nul ne sent bien les misères d'autrui
  S'il n'a souffert les mêmes maux que lui.

Paris. — Imprimerie de POMMERET et MOREAU,
quai des Grands-Augustins, 17.

TABLE DE MULTIPLICATION.

2	fois	2	font	4	5	fois	5 font	25
2	—	3	—	6	5	—	6 —	30
2	—	4	—	8	5	—	7 —	35
2	—	5	—	10	5	—	8 —	40
2	—	6	—	12	5	—	9 —	45
2	—	7	—	14	5	—	10 —	50
2	—	8	—	16				
2	—	9	—	18	6	—	6 —	36
2	—	10	—	20	6	—	7 —	42
					6	—	8 —	48
3	—	3	—	9	6	—	9 —	54
3	—	4	—	12	6	—	10 —	60
3	—	5	—	15				
3	—	6	—	18	7	—	7 —	49
3	—	7	—	21	7	—	8 —	56
3	—	8	—	24	7	—	9 —	63
3	—	9	—	27	7	—	10 —	70
3	—	10	—	30				
					8	—	8 —	64
4	—	4	—	16	8	—	9 —	72
4	—	5	—	20	8	—	10 —	80
4	—	6	—	24				
4	—	7	—	28	9	—	9 —	81
4	—	8	—	32	9	—	10 —	90
4	—	9	—	36				
4	—	10	—	40	10	—	10 —	100

www.ingramcontent.com/pod-product-compliance
Lightning Source LLC
Chambersburg PA
CBHW061010050426
42453CB00009B/1359